# LIBRO DI BORDO

## DEL GIARDINAGGIO

Questo libro è un blog di:

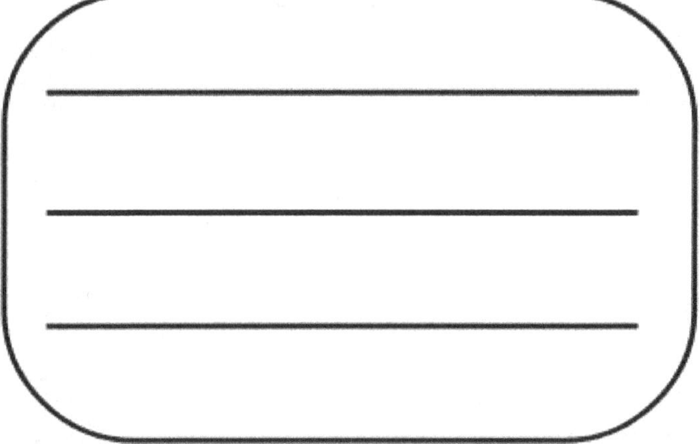

Idea regalo perfetta per principianti e appassionati di giardinaggio

# LIBRO DI BORDO DEL GIARDINAGGIO

NOME

POSIZIONE

FORNITORE

PREZZO

## CLASSE SCIENTIFICA

| | | |
|---|---|---|
| ORTAGGIO | ○ | FRUTTA |
| ERBA | ○ | FIORE |
| ARBUSTO | ○ | ALBERO |
| ANNUALE | ○ | BIENNALE |
| PERENNALE | ○ | SEMINA |

## DATE

GERMINATO

IMPIANTO

RACCOLTO

## LIVELLO DI LUCE

SOLE

SOLE PARZIALE

OMBRA

ALTRO

## INIZIATO DA

SEME

PIANTA

## VALUTAZIONE

DIMENSIONE ○○○○○

COLORE ○○○○○

GUSTO ○○○○○

## FERTILIZZANTI E ATTREZZATURE

## REQUISITI DELL'ACQUA

0%
MENO

## ISTRUZIONI PER LA CURA

## ISTRUZIONI PER LA SEMINA

## NOTE AGGIUNTIVE

# LIBRO DI BORDO DEL GIARDINAGGIO

| NOME | POSIZIONE |
|---|---|

| FORNITORE | PREZZO |
|---|---|

## CLASSE SCIENTIFICA

| ORTAGGIO | ○ | FRUTTA |
|---|---|---|
| ERBA | ○ | FIORE |
| ARBUSTO | ○ | ALBERO |
| ANNUALE | ○ | BIENNALE |
| PERENNALE | ○ | SEMINA |

## DATE

GERMINATO

IMPIANTO

RACCOLTO

## LIVELLO DI LUCE

SOLE

SOLE PARZIALE

OMBRA

ALTRO

## INIZIATO DA

SEME

PIANTA

## VALUTAZIONE

DIMENSIONE ○○○○○

COLORE ○○○○○

GUSTO ○○○○○

## FERTILIZZANTI E ATTREZZATURE

## REQUISITI DELL'ACQUA

0%
MENO

## ISTRUZIONI PER LA CURA

## ISTRUZIONI PER LA SEMINA

## NOTE AGGIUNTIVE

# LIBRO DI BORDO DEL GIARDINAGGIO

NOME

POSIZIONE

FORNITORE

PREZZO

## CLASSE SCIENTIFICA

| ORTAGGIO | ○ | FRUTTA |
|---|---|---|
| ERBA | ○ | FIORE |
| ARBUSTO | ○ | ALBERO |
| ANNUALE | ○ | BIENNALE |
| PERENNALE | ○ | SEMINA |

## DATE

GERMINATO

IMPIANTO

RACCOLTO

## LIVELLO DI LUCE

SOLE

SOLE PARZIALE

OMBRA

ALTRO

## INIZIATO DA

SEME

PIANTA

## VALUTAZIONE

DIMENSIONE ○○○○○

COLORE ○○○○○

GUSTO ○○○○○

## FERTILIZZANTI E ATTREZZATURE

## REQUISITI DELL'ACQUA

0%
MENO

## ISTRUZIONI PER LA CURA

## ISTRUZIONI PER LA SEMINA

## NOTE AGGIUNTIVE

# LIBRO DI BORDO DEL GIARDINAGGIO

| NOME | POSIZIONE |
|---|---|
| FORNITORE | PREZZO |

### CLASSE SCIENTIFICA

| | | |
|---|---|---|
| ORTAGGIO | ○ | FRUTTA |
| ERBA | ○ | FIORE |
| ARBUSTO | ○ | ALBERO |
| ANNUALE | ○ | BIENNALE |
| PERENNALE | ○ | SEMINA |

### DATE

GERMINATO

IMPIANTO

RACCOLTO

### LIVELLO DI LUCE

SOLE

SOLE PARZIALE

OMBRA

ALTRO

### INIZIATO DA

SEME

PIANTA

### VALUTAZIONE

DIMENSIONE ○○○○○

COLORE ○○○○○

GUSTO ○○○○○

FERTILIZZANTI
E ATTREZZATURE

REQUISITI
DELL'ACQUA

0%
MENO

ISTRUZIONI
PER LA CURA

ISTRUZIONI
PER LA SEMINA

NOTE AGGIUNTIVE

# LIBRO DI BORDO DEL GIARDINAGGIO

| NOME | POSIZIONE |
|------|-----------|

| FORNITORE | PREZZO |
|-----------|--------|

## CLASSE SCIENTIFICA

| ORTAGGIO | ○ | FRUTTA |
|----------|---|--------|
| ERBA | ○ | FIORE |
| ARBUSTO | ○ | ALBERO |
| ANNUALE | ○ | BIENNALE |
| PERENNALE | ○ | SEMINA |

## DATE

GERMINATO

IMPIANTO

RACCOLTO

## LIVELLO DI LUCE

SOLE

SOLE PARZIALE

OMBRA

ALTRO

## INIZIATO DA

SEME

PIANTA

## VALUTAZIONE

DIMENSIONE ○○○○○

COLORE ○○○○○

GUSTO ○○○○○

| FERTILIZZANTI E ATTREZZATURE | REQUISITI DELL'ACQUA |
|---|---|

0%
MENO

## ISTRUZIONI PER LA CURA

## ISTRUZIONI PER LA SEMINA

## NOTE AGGIUNTIVE

# LIBRO DI BORDO DEL GIARDINAGGIO

NOME

POSIZIONE

FORNITORE

PREZZO

## CLASSE SCIENTIFICA

| ORTAGGIO | ○ | FRUTTA |
| ERBA | ○ | FIORE |
| ARBUSTO | ○ | ALBERO |
| ANNUALE | ○ | BIENNALE |
| PERENNALE | ○ | SEMINA |

## DATE

GERMINATO

IMPIANTO

RACCOLTO

## LIVELLO DI LUCE

SOLE

SOLE PARZIALE

OMBRA

ALTRO

## INIZIATO DA

SEME

PIANTA

## VALUTAZIONE

DIMENSIONE ○○○○○

COLORE ○○○○○

GUSTO ○○○○○

FERTILIZZANTI
E ATTREZZATURE

REQUISITI
DELL'ACQUA

0%
MENO

ISTRUZIONI
PER LA CURA

ISTRUZIONI
PER LA SEMINA

NOTE AGGIUNTIVE

# LIBRO DI BORDO DEL GIARDINAGGIO

NOME

POSIZIONE

FORNITORE

PREZZO

## CLASSE SCIENTIFICA

| ORTAGGIO | ○ | FRUTTA |
| ERBA | ○ | FIORE |
| ARBUSTO | ○ | ALBERO |
| ANNUALE | ○ | BIENNALE |
| PERENNALE | ○ | SEMINA |

## DATE

GERMINATO

IMPIANTO

RACCOLTO

## LIVELLO DI LUCE

SOLE

SOLE PARZIALE

OMBRA

ALTRO

## INIZIATO DA

SEME

PIANTA

## VALUTAZIONE

DIMENSIONE ○○○○○

COLORE ○○○○○

GUSTO ○○○○○

## FERTILIZZANTI E ATTREZZATURE

## REQUISITI DELL'ACQUA

0%
MENO

## ISTRUZIONI PER LA CURA

## ISTRUZIONI PER LA SEMINA

## NOTE AGGIUNTIVE

# LIBRO DI BORDO DEL GIARDINAGGIO

NOME

POSIZIONE

FORNITORE

PREZZO

## CLASSE SCIENTIFICA

ORTAGGIO ○ FRUTTA

ERBA ○ FIORE

ARBUSTO ○ ALBERO

ANNUALE ○ BIENNALE

PERENNALE ○ SEMINA

## DATE

GERMINATO

IMPIANTO

RACCOLTO

## LIVELLO DI LUCE

SOLE

SOLE PARZIALE

OMBRA

ALTRO

## INIZIATO DA

SEME

PIANTA

## VALUTAZIONE

DIMENSIONE ○○○○○

COLORE ○○○○○

GUSTO ○○○○○

| FERTILIZZANTI E ATTREZZATURE | REQUISITI DELL'ACQUA |
| --- | --- |

0%
MENO

## ISTRUZIONI PER LA CURA

## ISTRUZIONI PER LA SEMINA

## NOTE AGGIUNTIVE

# LIBRO DI BORDO DEL GIARDINAGGIO

NOME

POSIZIONE

FORNITORE

PREZZO

## CLASSE SCIENTIFICA

ORTAGGIO ○   FRUTTA

ERBA ○   FIORE

ARBUSTO ○   ALBERO

ANNUALE ○   BIENNALE

PERENNALE ○   SEMINA

## DATE

GERMINATO

IMPIANTO

RACCOLTO

## LIVELLO DI LUCE

SOLE

SOLE PARZIALE

OMBRA

ALTRO

## INIZIATO DA

SEME

PIANTA

## VALUTAZIONE

DIMENSIONE ○○○○○

COLORE ○○○○○

GUSTO ○○○○○

FERTILIZZANTI
E ATTREZZATURE


REQUISITI
DELL'ACQUA


0%
MENO


ISTRUZIONI
PER LA CURA


ISTRUZIONI
PER LA SEMINA


NOTE AGGIUNTIVE

# LIBRO DI BORDO DEL GIARDINAGGIO

| NOME | POSIZIONE |
|---|---|

| FORNITORE | PREZZO |
|---|---|

## CLASSE SCIENTIFICA

| ORTAGGIO | ○ | FRUTTA |
|---|---|---|
| ERBA | ○ | FIORE |
| ARBUSTO | ○ | ALBERO |
| ANNUALE | ○ | BIENNALE |
| PERENNALE | ○ | SEMINA |

## DATE

GERMINATO

IMPIANTO

RACCOLTO

## LIVELLO DI LUCE

SOLE

SOLE PARZIALE

OMBRA

ALTRO

## INIZIATO DA

SEME

PIANTA

## VALUTAZIONE

DIMENSIONE ○○○○○

COLORE ○○○○○

GUSTO ○○○○○

## FERTILIZZANTI E ATTREZZATURE

## REQUISITI DELL'ACQUA

0%
MENO

## ISTRUZIONI PER LA CURA

## ISTRUZIONI PER LA SEMINA

## NOTE AGGIUNTIVE

# LIBRO DI BORDO DEL GIARDINAGGIO

| NOME | POSIZIONE |
|---|---|
| FORNITORE | PREZZO |

## CLASSE SCIENTIFICA

| ORTAGGIO | ◯ | FRUTTA |
|---|---|---|
| ERBA | ◯ | FIORE |
| ARBUSTO | ◯ | ALBERO |
| ANNUALE | ◯ | BIENNALE |
| PERENNALE | ◯ | SEMINA |

## DATE

GERMINATO

IMPIANTO

RACCOLTO

## LIVELLO DI LUCE

SOLE

SOLE PARZIALE

OMBRA

ALTRO

## INIZIATO DA

SEME

PIANTA

## VALUTAZIONE

DIMENSIONE ◯◯◯◯◯

COLORE ◯◯◯◯◯

GUSTO ◯◯◯◯◯

FERTILIZZANTI
E ATTREZZATURE

REQUISITI
DELL'ACQUA

0%
MENO

ISTRUZIONI
PER LA CURA

ISTRUZIONI
PER LA SEMINA

NOTE AGGIUNTIVE

# LIBRO DI BORDO DEL GIARDINAGGIO

NOME

POSIZIONE

FORNITORE

PREZZO

CLASSE SCIENTIFICA

| ORTAGGIO | ○ | FRUTTA |
| ERBA | ○ | FIORE |
| ARBUSTO | ○ | ALBERO |
| ANNUALE | ○ | BIENNALE |
| PERENNALE | ○ | SEMINA |

DATE

GERMINATO

IMPIANTO

RACCOLTO

LIVELLO DI LUCE

SOLE

SOLE PARZIALE

OMBRA

ALTRO

INIZIATO DA

SEME

PIANTA

VALUTAZIONE

DIMENSIONE ○○○○○

COLORE ○○○○○

GUSTO ○○○○○

FERTILIZZANTI
E ATTREZZATURE

REQUISITI
DELL'ACQUA

0%
MENO

ISTRUZIONI
PER LA CURA

ISTRUZIONI
PER LA SEMINA

NOTE AGGIUNTIVE

# LIBRO DI BORDO DEL GIARDINAGGIO

NOME

POSIZIONE

FORNITORE

PREZZO

## CLASSE SCIENTIFICA

| | | |
|---|---|---|
| ORTAGGIO | ○ | FRUTTA |
| ERBA | ○ | FIORE |
| ARBUSTO | ○ | ALBERO |
| ANNUALE | ○ | BIENNALE |
| PERENNALE | ○ | SEMINA |

## DATE

GERMINATO

IMPIANTO

RACCOLTO

## LIVELLO DI LUCE

SOLE

SOLE PARZIALE

OMBRA

ALTRO

## INIZIATO DA

SEME

PIANTA

## VALUTAZIONE

DIMENSIONE ○○○○○

COLORE ○○○○○

GUSTO ○○○○○

FERTILIZZANTI
E ATTREZZATURE

REQUISITI
DELL'ACQUA

0%
MENO

ISTRUZIONI
PER LA CURA

ISTRUZIONI
PER LA SEMINA

NOTE AGGIUNTIVE

# LIBRO DI BORDO DEL GIARDINAGGIO

| NOME | POSIZIONE |
|---|---|
| FORNITORE | PREZZO |

## CLASSE SCIENTIFICA

| ORTAGGIO | ○ | FRUTTA |
|---|---|---|
| ERBA | ○ | FIORE |
| ARBUSTO | ○ | ALBERO |
| ANNUALE | ○ | BIENNALE |
| PERENNALE | ○ | SEMINA |

## DATE

GERMINATO

IMPIANTO

RACCOLTO

## LIVELLO DI LUCE

SOLE

SOLE PARZIALE

OMBRA

ALTRO

## INIZIATO DA

SEME

PIANTA

## VALUTAZIONE

DIMENSIONE  ○○○○○

COLORE  ○○○○○

GUSTO  ○○○○○

## FERTILIZZANTI E ATTREZZATURE

## REQUISITI DELL'ACQUA

0%
MENO

## ISTRUZIONI PER LA CURA

## ISTRUZIONI PER LA SEMINA

## NOTE AGGIUNTIVE

# LIBRO DI BORDO DEL GIARDINAGGIO

NOME

POSIZIONE

FORNITORE

PREZZO

## CLASSE SCIENTIFICA

ORTAGGIO ○ FRUTTA

ERBA ○ FIORE

ARBUSTO ○ ALBERO

ANNUALE ○ BIENNALE

PERENNALE ○ SEMINA

## DATE

GERMINATO

IMPIANTO

RACCOLTO

## LIVELLO DI LUCE

SOLE

SOLE PARZIALE

OMBRA

ALTRO

## INIZIATO DA

SEME

PIANTA

## VALUTAZIONE

DIMENSIONE ○○○○○

COLORE ○○○○○

GUSTO ○○○○○

FERTILIZZANTI
E ATTREZZATURE

REQUISITI
DELL'ACQUA

0%
MENO

ISTRUZIONI
PER LA CURA

ISTRUZIONI
PER LA SEMINA

NOTE AGGIUNTIVE

# LIBRO DI BORDO DEL GIARDINAGGIO

NOME

POSIZIONE

FORNITORE

PREZZO

## CLASSE SCIENTIFICA

| | | |
|---|---|---|
| ORTAGGIO ○ | | FRUTTA |
| ERBA ○ | | FIORE |
| ARBUSTO ○ | | ALBERO |
| ANNUALE ○ | | BIENNALE |
| PERENNALE ○ | | SEMINA |

## DATE

GERMINATO

IMPIANTO

RACCOLTO

## LIVELLO DI LUCE

SOLE

SOLE PARZIALE

OMBRA

ALTRO

## INIZIATO DA

SEME

PIANTA

## VALUTAZIONE

DIMENSIONE ○○○○○

COLORE ○○○○○

GUSTO ○○○○○

FERTILIZZANTI
E ATTREZZATURE

REQUISITI
DELL'ACQUA

0%
MENO

ISTRUZIONI
PER LA CURA

ISTRUZIONI
PER LA SEMINA

NOTE AGGIUNTIVE

# LIBRO DI BORDO DEL GIARDINAGGIO

| NOME | POSIZIONE |
|---|---|
| FORNITORE | PREZZO |

## CLASSE SCIENTIFICA

| ORTAGGIO | ○ | FRUTTA |
|---|---|---|
| ERBA | ○ | FIORE |
| ARBUSTO | ○ | ALBERO |
| ANNUALE | ○ | BIENNALE |
| PERENNALE | ○ | SEMINA |

## DATE

GERMINATO

IMPIANTO

RACCOLTO

## LIVELLO DI LUCE

SOLE

SOLE PARZIALE

OMBRA

ALTRO

## INIZIATO DA

SEME

PIANTA

## VALUTAZIONE

DIMENSIONE ○○○○○

COLORE ○○○○○

GUSTO ○○○○○

FERTILIZZANTI
E ATTREZZATURE

REQUISITI
DELL'ACQUA

0%
MENO

ISTRUZIONI
PER LA CURA

ISTRUZIONI
PER LA SEMINA

NOTE AGGIUNTIVE

# LIBRO DI BORDO DEL GIARDINAGGIO

| NOME | | POSIZIONE | |
| --- | --- | --- | --- |
| FORNITORE | | PREZZO | |

## CLASSE SCIENTIFICA

| ORTAGGIO | ○ | FRUTTA |
| --- | --- | --- |
| ERBA | ○ | FIORE |
| ARBUSTO | ○ | ALBERO |
| ANNUALE | ○ | BIENNALE |
| PERENNALE | ○ | SEMINA |

## DATE

GERMINATO

IMPIANTO

RACCOLTO

## LIVELLO DI LUCE

SOLE

SOLE PARZIALE

OMBRA

ALTRO

## INIZIATO DA

SEME

PIANTA

## VALUTAZIONE

DIMENSIONE ○○○○○

COLORE ○○○○○

GUSTO ○○○○○

# FERTILIZZANTI E ATTREZZATURE

# REQUISITI DELL'ACQUA

0%
MENO

# ISTRUZIONI PER LA CURA

# ISTRUZIONI PER LA SEMINA

# NOTE AGGIUNTIVE

# LIBRO DI BORDO DEL GIARDINAGGIO

| NOME | POSIZIONE |
|---|---|

| FORNITORE | PREZZO |
|---|---|

## CLASSE SCIENTIFICA

| ORTAGGIO | ○ | FRUTTA |
|---|---|---|
| ERBA | ○ | FIORE |
| ARBUSTO | ○ | ALBERO |
| ANNUALE | ○ | BIENNALE |
| PERENNALE | ○ | SEMINA |

## DATE

GERMINATO

IMPIANTO

RACCOLTO

## LIVELLO DI LUCE

SOLE

SOLE PARZIALE

OMBRA

ALTRO

## INIZIATO DA

SEME

PIANTA

## VALUTAZIONE

DIMENSIONE ○○○○○

COLORE ○○○○○

GUSTO ○○○○○

FERTILIZZANTI
E ATTREZZATURE

REQUISITI
DELL'ACQUA

0%
MENO

ISTRUZIONI
PER LA CURA

ISTRUZIONI
PER LA SEMINA

NOTE AGGIUNTIVE

# LIBRO DI BORDO DEL GIARDINAGGIO

| NOME | | POSIZIONE |
|---|---|---|

| FORNITORE | | PREZZO |
|---|---|---|

## CLASSE SCIENTIFICA

| ORTAGGIO | ○ | FRUTTA |
|---|---|---|
| ERBA | ○ | FIORE |
| ARBUSTO | ○ | ALBERO |
| ANNUALE | ○ | BIENNALE |
| PERENNALE | ○ | SEMINA |

### DATE

GERMINATO

IMPIANTO

RACCOLTO

### LIVELLO DI LUCE

SOLE

SOLE PARZIALE

OMBRA

ALTRO

### INIZIATO DA

SEME

PIANTA

### VALUTAZIONE

DIMENSIONE ○○○○○

COLORE ○○○○○

GUSTO ○○○○○

FERTILIZZANTI
E ATTREZZATURE

REQUISITI
DELL'ACQUA

0%
MENO

ISTRUZIONI
PER LA CURA

ISTRUZIONI
PER LA SEMINA

NOTE AGGIUNTIVE

# LIBRO DI BORDO DEL GIARDINAGGIO

NOME

POSIZIONE

FORNITORE

PREZZO

## CLASSE SCIENTIFICA

ORTAGGIO ○ FRUTTA

ERBA ○ FIORE

ARBUSTO ○ ALBERO

ANNUALE ○ BIENNALE

PERENNALE ○ SEMINA

## DATE

GERMINATO

IMPIANTO

RACCOLTO

## LIVELLO DI LUCE

SOLE

SOLE PARZIALE

OMBRA

ALTRO

## INIZIATO DA

SEME

PIANTA

## VALUTAZIONE

DIMENSIONE ○○○○○

COLORE ○○○○○

GUSTO ○○○○○

FERTILIZZANTI
E ATTREZZATURE

REQUISITI
DELL'ACQUA

0%
MENO

ISTRUZIONI
PER LA CURA

ISTRUZIONI
PER LA SEMINA

NOTE AGGIUNTIVE

# LIBRO DI BORDO DEL GIARDINAGGIO

NOME

POSIZIONE

FORNITORE

PREZZO

## CLASSE SCIENTIFICA

| | | |
|---|---|---|
| ORTAGGIO | ○ | FRUTTA |
| ERBA | ○ | FIORE |
| ARBUSTO | ○ | ALBERO |
| ANNUALE | ○ | BIENNALE |
| PERENNALE | ○ | SEMINA |

## DATE

GERMINATO

IMPIANTO

RACCOLTO

## LIVELLO DI LUCE

SOLE

SOLE PARZIALE

OMBRA

ALTRO

## INIZIATO DA

SEME

PIANTA

## VALUTAZIONE

DIMENSIONE ○○○○○

COLORE ○○○○○

GUSTO ○○○○○

FERTILIZZANTI<br>E ATTREZZATURE

REQUISITI<br>DELL'ACQUA

0%
MENO

ISTRUZIONI<br>PER LA CURA

ISTRUZIONI<br>PER LA SEMINA

NOTE AGGIUNTIVE

# LIBRO DI BORDO DEL GIARDINAGGIO

| NOME | POSIZIONE |
| --- | --- |
| FORNITORE | PREZZO |

## CLASSE SCIENTIFICA

| | | | |
| --- | --- | --- | --- |
| ORTAGGIO | O | FRUTTA | |
| ERBA | O | FIORE | |
| ARBUSTO | O | ALBERO | |
| ANNUALE | O | BIENNALE | |
| PERENNALE | O | SEMINA | |

## DATE

GERMINATO

IMPIANTO

RACCOLTO

## LIVELLO DI LUCE

SOLE

SOLE PARZIALE

OMBRA

ALTRO

## INIZIATO DA

SEME

PIANTA

## VALUTAZIONE

DIMENSIONE  O O O O O

COLORE  O O O O O

GUSTO  O O O O O

# FERTILIZZANTI E ATTREZZATURE

# REQUISITI DELL'ACQUA

0%
MENO

# ISTRUZIONI PER LA CURA

# ISTRUZIONI PER LA SEMINA

# NOTE AGGIUNTIVE

# LIBRO DI BORDO DEL GIARDINAGGIO

NOME

POSIZIONE

FORNITORE

PREZZO

## CLASSE SCIENTIFICA

| ORTAGGIO | ○ | FRUTTA |
| ERBA | ○ | FIORE |
| ARBUSTO | ○ | ALBERO |
| ANNUALE | ○ | BIENNALE |
| PERENNALE | ○ | SEMINA |

## DATE

GERMINATO

IMPIANTO

RACCOLTO

## LIVELLO DI LUCE

SOLE

SOLE PARZIALE

OMBRA

ALTRO

## INIZIATO DA

SEME

PIANTA

## VALUTAZIONE

DIMENSIONE ○○○○○

COLORE ○○○○○

GUSTO ○○○○○

## FERTILIZZANTI E ATTREZZATURE

## REQUISITI DELL'ACQUA

0%
MENO

## ISTRUZIONI PER LA CURA

## ISTRUZIONI PER LA SEMINA

## NOTE AGGIUNTIVE

# LIBRO DI BORDO DEL GIARDINAGGIO

NOME

POSIZIONE

FORNITORE

PREZZO

## CLASSE SCIENTIFICA

| | | |
|---|---|---|
| ORTAGGIO ○ | | FRUTTA |
| ERBA ○ | | FIORE |
| ARBUSTO ○ | | ALBERO |
| ANNUALE ○ | | BIENNALE |
| PERENNALE ○ | | SEMINA |

## DATE

GERMINATO

IMPIANTO

RACCOLTO

## LIVELLO DI LUCE

SOLE

SOLE PARZIALE

OMBRA

ALTRO

## INIZIATO DA

SEME

PIANTA

## VALUTAZIONE

DIMENSIONE ○○○○○

COLORE ○○○○○

GUSTO ○○○○○

FERTILIZZANTI
E ATTREZZATURE

REQUISITI
DELL'ACQUA

0%
MENO

ISTRUZIONI
PER LA CURA

ISTRUZIONI
PER LA SEMINA

NOTE AGGIUNTIVE

# LIBRO DI BORDO DEL GIARDINAGGIO

| NOME | | POSIZIONE |
|---|---|---|

| FORNITORE | | PREZZO |
|---|---|---|

## CLASSE SCIENTIFICA

| ORTAGGIO | ○ | FRUTTA |
|---|---|---|
| ERBA | ○ | FIORE |
| ARBUSTO | ○ | ALBERO |
| ANNUALE | ○ | BIENNALE |
| PERENNALE | ○ | SEMINA |

## DATE

GERMINATO

IMPIANTO

RACCOLTO

## LIVELLO DI LUCE

SOLE

SOLE PARZIALE

OMBRA

ALTRO

## INIZIATO DA

SEME

PIANTA

## VALUTAZIONE

DIMENSIONE ○○○○○

COLORE ○○○○○

GUSTO ○○○○○

## FERTILIZZANTI E ATTREZZATURE

## REQUISITI DELL'ACQUA

0%
MENO

## ISTRUZIONI PER LA CURA

## ISTRUZIONI PER LA SEMINA

## NOTE AGGIUNTIVE

# LIBRO DI BORDO DEL GIARDINAGGIO

| NOME | POSIZIONE |
|---|---|

| FORNITORE | PREZZO |
|---|---|

## CLASSE SCIENTIFICA

| ORTAGGIO | ○ | FRUTTA |
|---|---|---|
| ERBA | ○ | FIORE |
| ARBUSTO | ○ | ALBERO |
| ANNUALE | ○ | BIENNALE |
| PERENNALE | ○ | SEMINA |

## DATE

GERMINATO

IMPIANTO

RACCOLTO

## LIVELLO DI LUCE

SOLE

SOLE PARZIALE

OMBRA

ALTRO

## INIZIATO DA

SEME

PIANTA

## VALUTAZIONE

DIMENSIONE ○○○○○

COLORE ○○○○○

GUSTO ○○○○○

FERTILIZZANTI
E ATTREZZATURE


REQUISITI
DELL'ACQUA


0%
MENO


ISTRUZIONI
PER LA CURA


ISTRUZIONI
PER LA SEMINA


NOTE AGGIUNTIVE

# LIBRO DI BORDO DEL GIARDINAGGIO

<table>
<tr><td>NOME</td><td>POSIZIONE</td></tr>
<tr><td>FORNITORE</td><td>PREZZO</td></tr>
</table>

## CLASSE SCIENTIFICA

| | | |
|---|---|---|
| ORTAGGIO | ○ | FRUTTA |
| ERBA | ○ | FIORE |
| ARBUSTO | ○ | ALBERO |
| ANNUALE | ○ | BIENNALE |
| PERENNALE | ○ | SEMINA |

## DATE

GERMINATO

IMPIANTO

RACCOLTO

## LIVELLO DI LUCE

SOLE

SOLE PARZIALE

OMBRA

ALTRO

## INIZIATO DA

SEME

PIANTA

## VALUTAZIONE

DIMENSIONE ○○○○○

COLORE ○○○○○

GUSTO ○○○○○

FERTILIZZANTI
E ATTREZZATURE

REQUISITI
DELL'ACQUA

0%
MENO

ISTRUZIONI
PER LA CURA

ISTRUZIONI
PER LA SEMINA

NOTE AGGIUNTIVE

# LIBRO DI BORDO DEL GIARDINAGGIO

NOME

POSIZIONE

FORNITORE

PREZZO

## CLASSE SCIENTIFICA

| ORTAGGIO | ○ | FRUTTA |
| ERBA | ○ | FIORE |
| ARBUSTO | ○ | ALBERO |
| ANNUALE | ○ | BIENNALE |
| PERENNALE | ○ | SEMINA |

## DATE

GERMINATO

IMPIANTO

RACCOLTO

## LIVELLO DI LUCE

SOLE

SOLE PARZIALE

OMBRA

ALTRO

## INIZIATO DA

SEME

PIANTA

## VALUTAZIONE

DIMENSIONE ○○○○○

COLORE ○○○○○

GUSTO ○○○○○

FERTILIZZANTI
E ATTREZZATURE

REQUISITI
DELL'ACQUA

0%
MENO

ISTRUZIONI
PER LA CURA

ISTRUZIONI
PER LA SEMINA

NOTE AGGIUNTIVE

# LIBRO DI BORDO DEL GIARDINAGGIO

NOME

POSIZIONE

FORNITORE

PREZZO

## CLASSE SCIENTIFICA

| ORTAGGIO | ○ | FRUTTA |
| ERBA | ○ | FIORE |
| ARBUSTO | ○ | ALBERO |
| ANNUALE | ○ | BIENNALE |
| PERENNALE | ○ | SEMINA |

## DATE

GERMINATO

IMPIANTO

RACCOLTO

## LIVELLO DI LUCE

SOLE

SOLE PARZIALE

OMBRA

ALTRO

## INIZIATO DA

SEME

PIANTA

## VALUTAZIONE

DIMENSIONE ○○○○○

COLORE ○○○○○

GUSTO ○○○○○

## FERTILIZZANTI E ATTREZZATURE

## REQUISITI DELL'ACQUA

0%
MENO

## ISTRUZIONI PER LA CURA

## ISTRUZIONI PER LA SEMINA

## NOTE AGGIUNTIVE

# LIBRO DI BORDO DEL GIARDINAGGIO

NOME

POSIZIONE

FORNITORE

PREZZO

## CLASSE SCIENTIFICA

| | | | |
|---|---|---|---|
| ORTAGGIO | ○ | FRUTTA | |
| ERBA | ○ | FIORE | |
| ARBUSTO | ○ | ALBERO | |
| ANNUALE | ○ | BIENNALE | |
| PERENNALE | ○ | SEMINA | |

## DATE

GERMINATO

IMPIANTO

RACCOLTO

## LIVELLO DI LUCE

SOLE

SOLE PARZIALE

OMBRA

ALTRO

## INIZIATO DA

SEME

PIANTA

## VALUTAZIONE

DIMENSIONE ○○○○○

COLORE ○○○○○

GUSTO ○○○○○

## FERTILIZZANTI E ATTREZZATURE

## REQUISITI DELL'ACQUA

0%
MENO

## ISTRUZIONI PER LA CURA

## ISTRUZIONI PER LA SEMINA

## NOTE AGGIUNTIVE

# LIBRO DI BORDO DEL GIARDINAGGIO

| NOME | POSIZIONE |
|---|---|
| FORNITORE | PREZZO |

## CLASSE SCIENTIFICA

| | | | |
|---|---|---|---|
| ORTAGGIO | ○ | FRUTTA | |
| ERBA | ○ | FIORE | |
| ARBUSTO | ○ | ALBERO | |
| ANNUALE | ○ | BIENNALE | |
| PERENNALE | ○ | SEMINA | |

## DATE

GERMINATO

IMPIANTO

RACCOLTO

## LIVELLO DI LUCE

SOLE

SOLE PARZIALE

OMBRA

ALTRO

## INIZIATO DA

SEME

PIANTA

## VALUTAZIONE

DIMENSIONE ○○○○○

COLORE ○○○○○

GUSTO ○○○○○

FERTILIZZANTI
E ATTREZZATURE

REQUISITI
DELL'ACQUA

0%
MENO

ISTRUZIONI
PER LA CURA

ISTRUZIONI
PER LA SEMINA

NOTE AGGIUNTIVE

# LIBRO DI BORDO DEL GIARDINAGGIO

| NOME | POSIZIONE |
|---|---|

| FORNITORE | PREZZO |
|---|---|

## CLASSE SCIENTIFICA

| | | | |
|---|---|---|---|
| ORTAGGIO | ○ | FRUTTA | |
| ERBA | ○ | FIORE | |
| ARBUSTO | ○ | ALBERO | |
| ANNUALE | ○ | BIENNALE | |
| PERENNALE | ○ | SEMINA | |

## DATE

GERMINATO

IMPIANTO

RACCOLTO

## LIVELLO DI LUCE

SOLE

SOLE PARZIALE

OMBRA

ALTRO

## INIZIATO DA

SEME

PIANTA

## VALUTAZIONE

DIMENSIONE ○○○○○

COLORE ○○○○○

GUSTO ○○○○○

FERTILIZZANTI
E ATTREZZATURE

REQUISITI
DELL'ACQUA

0%
MENO

ISTRUZIONI
PER LA CURA

ISTRUZIONI
PER LA SEMINA

NOTE AGGIUNTIVE

# LIBRO DI BORDO DEL GIARDINAGGIO

| NOME | | POSIZIONE |
| --- | --- | --- |
| FORNITORE | | PREZZO |

## CLASSE SCIENTIFICA

| ORTAGGIO | ○ | FRUTTA |
| --- | --- | --- |
| ERBA | ○ | FIORE |
| ARBUSTO | ○ | ALBERO |
| ANNUALE | ○ | BIENNALE |
| PERENNALE | ○ | SEMINA |

## DATE

GERMINATO

IMPIANTO

RACCOLTO

## LIVELLO DI LUCE

SOLE

SOLE PARZIALE

OMBRA

ALTRO

## INIZIATO DA

SEME

PIANTA

## VALUTAZIONE

DIMENSIONE ○○○○○

COLORE ○○○○○

GUSTO ○○○○○

## FERTILIZZANTI E ATTREZZATURE

## REQUISITI DELL'ACQUA

0%
MENO

## ISTRUZIONI PER LA CURA

## ISTRUZIONI PER LA SEMINA

## NOTE AGGIUNTIVE

# LIBRO DI BORDO DEL GIARDINAGGIO

| NOME | POSIZIONE |
|---|---|

| FORNITORE | PREZZO |
|---|---|

## CLASSE SCIENTIFICA

| ORTAGGIO | ○ | FRUTTA |
|---|---|---|
| ERBA | ○ | FIORE |
| ARBUSTO | ○ | ALBERO |
| ANNUALE | ○ | BIENNALE |
| PERENNALE | ○ | SEMINA |

## DATE

GERMINATO

IMPIANTO

RACCOLTO

## LIVELLO DI LUCE

SOLE

SOLE PARZIALE

OMBRA

ALTRO

## INIZIATO DA

SEME

PIANTA

## VALUTAZIONE

DIMENSIONE ○○○○○

COLORE ○○○○○

GUSTO ○○○○○

## FERTILIZZANTI E ATTREZZATURE

## REQUISITI DELL'ACQUA

0%
MENO

## ISTRUZIONI PER LA CURA

## ISTRUZIONI PER LA SEMINA

## NOTE AGGIUNTIVE

# LIBRO DI BORDO DEL GIARDINAGGIO

NOME

POSIZIONE

FORNITORE

PREZZO

## CLASSE SCIENTIFICA

| | | |
|---|---|---|
| ORTAGGIO | ○ | FRUTTA |
| ERBA | ○ | FIORE |
| ARBUSTO | ○ | ALBERO |
| ANNUALE | ○ | BIENNALE |
| PERENNALE | ○ | SEMINA |

## DATE

GERMINATO

IMPIANTO

RACCOLTO

## LIVELLO DI LUCE

SOLE

SOLE PARZIALE

OMBRA

ALTRO

## INIZIATO DA

SEME

PIANTA

## VALUTAZIONE

DIMENSIONE ○○○○○

COLORE ○○○○○

GUSTO ○○○○○

FERTILIZZANTI
E ATTREZZATURE



REQUISITI
DELL'ACQUA



0%
MENO



ISTRUZIONI
PER LA CURA



ISTRUZIONI
PER LA SEMINA



NOTE AGGIUNTIVE

# LIBRO DI BORDO DEL GIARDINAGGIO

| NOME | POSIZIONE |
|---|---|
| FORNITORE | PREZZO |

## CLASSE SCIENTIFICA

| | | |
|---|---|---|
| ORTAGGIO | ○ | FRUTTA |
| ERBA | ○ | FIORE |
| ARBUSTO | ○ | ALBERO |
| ANNUALE | ○ | BIENNALE |
| PERENNALE | ○ | SEMINA |

## DATE

GERMINATO

IMPIANTO

RACCOLTO

## LIVELLO DI LUCE

SOLE

SOLE PARZIALE

OMBRA

ALTRO

## INIZIATO DA

SEME

PIANTA

## VALUTAZIONE

DIMENSIONE ○○○○○

COLORE ○○○○○

GUSTO ○○○○○

FERTILIZZANTI
E ATTREZZATURE

REQUISITI
DELL'ACQUA

0%
MENO

ISTRUZIONI
PER LA CURA

ISTRUZIONI
PER LA SEMINA

NOTE AGGIUNTIVE

# LIBRO DI BORDO DEL GIARDINAGGIO

| NOME | | POSIZIONE |
| --- | --- | --- |
| **FORNITORE** | | **PREZZO** |

## CLASSE SCIENTIFICA

| ORTAGGIO | ○ | FRUTTA |
| --- | --- | --- |
| ERBA | ○ | FIORE |
| ARBUSTO | ○ | ALBERO |
| ANNUALE | ○ | BIENNALE |
| PERENNALE | ○ | SEMINA |

## DATE

GERMINATO

IMPIANTO

RACCOLTO

## LIVELLO DI LUCE

SOLE

SOLE PARZIALE

OMBRA

ALTRO

## INIZIATO DA

SEME

PIANTA

## VALUTAZIONE

DIMENSIONE ○○○○○

COLORE ○○○○○

GUSTO ○○○○○

| FERTILIZZANTI E ATTREZZATURE | REQUISITI DELL'ACQUA |



## ISTRUZIONI PER LA CURA

## ISTRUZIONI PER LA SEMINA

## NOTE AGGIUNTIVE

# LIBRO DI BORDO DEL GIARDINAGGIO

NOME

POSIZIONE

FORNITORE

PREZZO

## CLASSE SCIENTIFICA

| ORTAGGIO | ◯ | FRUTTA |
| ERBA | ◯ | FIORE |
| ARBUSTO | ◯ | ALBERO |
| ANNUALE | ◯ | BIENNALE |
| PERENNALE | ◯ | SEMINA |

## DATE

GERMINATO

IMPIANTO

RACCOLTO

## INIZIATO DA

SEME

PIANTA

## LIVELLO DI LUCE

SOLE

SOLE PARZIALE

OMBRA

ALTRO

## VALUTAZIONE

DIMENSIONE ◯◯◯◯◯

COLORE ◯◯◯◯◯

GUSTO ◯◯◯◯◯

# FERTILIZZANTI E ATTREZZATURE

# REQUISITI DELL'ACQUA

0%
MENO

# ISTRUZIONI PER LA CURA

# ISTRUZIONI PER LA SEMINA

# NOTE AGGIUNTIVE

# LIBRO DI BORDO DEL GIARDINAGGIO

| NOME | POSIZIONE |
|---|---|
| FORNITORE | PREZZO |

## CLASSE SCIENTIFICA

| ORTAGGIO | ○ | FRUTTA |
|---|---|---|
| ERBA | ○ | FIORE |
| ARBUSTO | ○ | ALBERO |
| ANNUALE | ○ | BIENNALE |
| PERENNALE | ○ | SEMINA |

## DATE

GERMINATO

IMPIANTO

RACCOLTO

## LIVELLO DI LUCE

SOLE

SOLE PARZIALE

OMBRA

ALTRO

## INIZIATO DA

SEME

PIANTA

## VALUTAZIONE

DIMENSIONE ○○○○○

COLORE ○○○○○

GUSTO ○○○○○

FERTILIZZANTI<br>E ATTREZZATURE

REQUISITI<br>DELL'ACQUA

0%
MENO

ISTRUZIONI<br>PER LA CURA

ISTRUZIONI<br>PER LA SEMINA

NOTE AGGIUNTIVE

# LIBRO DI BORDO DEL GIARDINAGGIO

NOME

POSIZIONE

FORNITORE

PREZZO

## CLASSE SCIENTIFICA

| ORTAGGIO | ○ | FRUTTA |
| ERBA | ○ | FIORE |
| ARBUSTO | ○ | ALBERO |
| ANNUALE | ○ | BIENNALE |
| PERENNALE | ○ | SEMINA |

## DATE

GERMINATO

IMPIANTO

RACCOLTO

## LIVELLO DI LUCE

SOLE

SOLE PARZIALE

OMBRA

ALTRO

## INIZIATO DA

SEME

PIANTA

## VALUTAZIONE

DIMENSIONE ○○○○○

COLORE ○○○○○

GUSTO ○○○○○

## FERTILIZZANTI E ATTREZZATURE

## REQUISITI DELL'ACQUA

0%
MENO

## ISTRUZIONI PER LA CURA

## ISTRUZIONI PER LA SEMINA

## NOTE AGGIUNTIVE

# LIBRO DI BORDO DEL GIARDINAGGIO

NOME

POSIZIONE

FORNITORE

PREZZO

## CLASSE SCIENTIFICA

| | | |
|---|---|---|
| ORTAGGIO | ○ | FRUTTA |
| ERBA | ○ | FIORE |
| ARBUSTO | ○ | ALBERO |
| ANNUALE | ○ | BIENNALE |
| PERENNALE | ○ | SEMINA |

## DATE

GERMINATO

IMPIANTO

RACCOLTO

## LIVELLO DI LUCE

SOLE

SOLE PARZIALE

OMBRA

ALTRO

## INIZIATO DA

SEME

PIANTA

## VALUTAZIONE

DIMENSIONE ○○○○○

COLORE ○○○○○

GUSTO ○○○○○

## FERTILIZZANTI E ATTREZZATURE

## REQUISITI DELL'ACQUA

0%
MENO

## ISTRUZIONI PER LA CURA

## ISTRUZIONI PER LA SEMINA

## NOTE AGGIUNTIVE

# LIBRO DI BORDO DEL GIARDINAGGIO

| NOME | POSIZIONE |
|---|---|
| FORNITORE | PREZZO |

## CLASSE SCIENTIFICA

| | | |
|---|---|---|
| ORTAGGIO | ○ | FRUTTA |
| ERBA | ○ | FIORE |
| ARBUSTO | ○ | ALBERO |
| ANNUALE | ○ | BIENNALE |
| PERENNALE | ○ | SEMINA |

## DATE

GERMINATO

IMPIANTO

RACCOLTO

## LIVELLO DI LUCE

SOLE

SOLE PARZIALE

OMBRA

ALTRO

## INIZIATO DA

SEME

PIANTA

## VALUTAZIONE

| | |
|---|---|
| DIMENSIONE | ○○○○○ |
| COLORE | ○○○○○ |
| GUSTO | ○○○○○ |

FERTILIZZANTI
E ATTREZZATURE

REQUISITI
DELL'ACQUA

0%
MENO

ISTRUZIONI
PER LA CURA

ISTRUZIONI
PER LA SEMINA

NOTE AGGIUNTIVE

# LIBRO DI BORDO DEL GIARDINAGGIO

| NOME | POSIZIONE |
|---|---|
| FORNITORE | PREZZO |

## CLASSE SCIENTIFICA

| ORTAGGIO | ◯ | FRUTTA |
|---|---|---|
| ERBA | ◯ | FIORE |
| ARBUSTO | ◯ | ALBERO |
| ANNUALE | ◯ | BIENNALE |
| PERENNALE | ◯ | SEMINA |

## DATE

GERMINATO

IMPIANTO

RACCOLTO

## LIVELLO DI LUCE

SOLE

SOLE PARZIALE

OMBRA

ALTRO

## INIZIATO DA

SEME

PIANTA

## VALUTAZIONE

DIMENSIONE ◯◯◯◯◯

COLORE ◯◯◯◯◯

GUSTO ◯◯◯◯◯

FERTILIZZANTI
E ATTREZZATURE

REQUISITI
DELL'ACQUA

0%
MENO

ISTRUZIONI
PER LA CURA

ISTRUZIONI
PER LA SEMINA

NOTE AGGIUNTIVE

# LIBRO DI BORDO DEL GIARDINAGGIO

NOME

POSIZIONE

FORNITORE

PREZZO

## CLASSE SCIENTIFICA

| | | |
|---|---|---|
| ORTAGGIO | ○ | FRUTTA |
| ERBA | ○ | FIORE |
| ARBUSTO | ○ | ALBERO |
| ANNUALE | ○ | BIENNALE |
| PERENNALE | ○ | SEMINA |

## DATE

GERMINATO

IMPIANTO

RACCOLTO

## LIVELLO DI LUCE

SOLE

SOLE PARZIALE

OMBRA

ALTRO

## INIZIATO DA

SEME

PIANTA

## VALUTAZIONE

DIMENSIONE ○○○○○

COLORE ○○○○○

GUSTO ○○○○○

## FERTILIZZANTI E ATTREZZATURE

## REQUISITI DELL'ACQUA

0%
MENO

## ISTRUZIONI PER LA CURA

## ISTRUZIONI PER LA SEMINA

## NOTE AGGIUNTIVE

# LIBRO DI BORDO DEL GIARDINAGGIO

NOME

POSIZIONE

FORNITORE

PREZZO

## CLASSE SCIENTIFICA

| | | |
|---|---|---|
| ORTAGGIO | ○ | FRUTTA |
| ERBA | ○ | FIORE |
| ARBUSTO | ○ | ALBERO |
| ANNUALE | ○ | BIENNALE |
| PERENNALE | ○ | SEMINA |

## DATE

GERMINATO

IMPIANTO

RACCOLTO

## LIVELLO DI LUCE

SOLE

SOLE PARZIALE

OMBRA

ALTRO

## INIZIATO DA

SEME

PIANTA

## VALUTAZIONE

DIMENSIONE ○○○○○

COLORE ○○○○○

GUSTO ○○○○○

FERTILIZZANTI
E ATTREZZATURE

REQUISITI
DELL'ACQUA

0%
MENO

ISTRUZIONI
PER LA CURA

ISTRUZIONI
PER LA SEMINA

NOTE AGGIUNTIVE

# LIBRO DI BORDO DEL GIARDINAGGIO

| NOME | POSIZIONE |
|---|---|

| FORNITORE | PREZZO |
|---|---|

## CLASSE SCIENTIFICA

| ORTAGGIO | ○ | FRUTTA |
|---|---|---|
| ERBA | ○ | FIORE |
| ARBUSTO | ○ | ALBERO |
| ANNUALE | ○ | BIENNALE |
| PERENNALE | ○ | SEMINA |

## DATE

GERMINATO

IMPIANTO

RACCOLTO

## LIVELLO DI LUCE

SOLE

SOLE PARZIALE

OMBRA

ALTRO

## INIZIATO DA

SEME

PIANTA

## VALUTAZIONE

DIMENSIONE ○○○○○

COLORE ○○○○○

GUSTO ○○○○○

FERTILIZZANTI
E ATTREZZATURE

REQUISITI
DELL'ACQUA

0%
MENO

ISTRUZIONI
PER LA CURA

ISTRUZIONI
PER LA SEMINA

NOTE AGGIUNTIVE

# LIBRO DI BORDO DEL GIARDINAGGIO

| NOME | | POSIZIONE |
|---|---|---|

| FORNITORE | | PREZZO |
|---|---|---|

## CLASSE SCIENTIFICA

| ORTAGGIO | ○ | FRUTTA |
|---|---|---|
| ERBA | ○ | FIORE |
| ARBUSTO | ○ | ALBERO |
| ANNUALE | ○ | BIENNALE |
| PERENNALE | ○ | SEMINA |

## DATE

GERMINATO

IMPIANTO

RACCOLTO

## LIVELLO DI LUCE

SOLE

SOLE PARZIALE

OMBRA

ALTRO

## INIZIATO DA

SEME

PIANTA

## VALUTAZIONE

DIMENSIONE ○○○○○

COLORE ○○○○○

GUSTO ○○○○○

FERTILIZZANTI
E ATTREZZATURE

REQUISITI
DELL'ACQUA

0%
MENO

ISTRUZIONI
PER LA CURA

ISTRUZIONI
PER LA SEMINA

NOTE AGGIUNTIVE

# LIBRO DI BORDO DEL GIARDINAGGIO

| NOME | POSIZIONE |
|---|---|
| FORNITORE | PREZZO |

## CLASSE SCIENTIFICA

| | | |
|---|---|---|
| ORTAGGIO | ○ | FRUTTA |
| ERBA | ○ | FIORE |
| ARBUSTO | ○ | ALBERO |
| ANNUALE | ○ | BIENNALE |
| PERENNALE | ○ | SEMINA |

## DATE

GERMINATO

IMPIANTO

RACCOLTO

## LIVELLO DI LUCE

SOLE

SOLE PARZIALE

OMBRA

ALTRO

## INIZIATO DA

SEME

PIANTA

## VALUTAZIONE

DIMENSIONE ○○○○○

COLORE ○○○○○

GUSTO ○○○○○

FERTILIZZANTI
E ATTREZZATURE

REQUISITI
DELL'ACQUA

0%
MENO

ISTRUZIONI
PER LA CURA

ISTRUZIONI
PER LA SEMINA

NOTE AGGIUNTIVE

# LIBRO DI BORDO DEL GIARDINAGGIO

| NOME | POSIZIONE |
|---|---|

| FORNITORE | PREZZO |
|---|---|

## CLASSE SCIENTIFICA

| ORTAGGIO | ○ | FRUTTA |
|---|---|---|
| ERBA | ○ | FIORE |
| ARBUSTO | ○ | ALBERO |
| ANNUALE | ○ | BIENNALE |
| PERENNALE | ○ | SEMINA |

## DATE

GERMINATO

IMPIANTO

RACCOLTO

## LIVELLO DI LUCE

SOLE

SOLE PARZIALE

OMBRA

ALTRO

## INIZIATO DA

SEME

PIANTA

## VALUTAZIONE

DIMENSIONE ○○○○○

COLORE ○○○○○

GUSTO ○○○○○

## FERTILIZZANTI E ATTREZZATURE

## REQUISITI DELL'ACQUA

0%
MENO

## ISTRUZIONI PER LA CURA

## ISTRUZIONI PER LA SEMINA

## NOTE AGGIUNTIVE

# LIBRO DI BORDO DEL GIARDINAGGIO

| NOME | POSIZIONE |
|---|---|
| FORNITORE | PREZZO |

## CLASSE SCIENTIFICA

| | | |
|---|---|---|
| ORTAGGIO | ○ | FRUTTA |
| ERBA | ○ | FIORE |
| ARBUSTO | ○ | ALBERO |
| ANNUALE | ○ | BIENNALE |
| PERENNALE | ○ | SEMINA |

## DATE

GERMINATO

IMPIANTO

RACCOLTO

## LIVELLO DI LUCE

SOLE

SOLE PARZIALE

OMBRA

ALTRO

## INIZIATO DA

SEME

PIANTA

## VALUTAZIONE

DIMENSIONE ○○○○○

COLORE ○○○○○

GUSTO ○○○○○

FERTILIZZANTI
E ATTREZZATURE

REQUISITI
DELL'ACQUA

0%
MENO

ISTRUZIONI
PER LA CURA

ISTRUZIONI
PER LA SEMINA

NOTE AGGIUNTIVE

# LIBRO DI BORDO DEL GIARDINAGGIO

| NOME | POSIZIONE |
|---|---|
| FORNITORE | PREZZO |

## CLASSE SCIENTIFICA

| | | |
|---|---|---|
| ORTAGGIO | ○ | FRUTTA |
| ERBA | ○ | FIORE |
| ARBUSTO | ○ | ALBERO |
| ANNUALE | ○ | BIENNALE |
| PERENNALE | ○ | SEMINA |

## DATE

GERMINATO

IMPIANTO

RACCOLTO

## LIVELLO DI LUCE

SOLE

SOLE PARZIALE

OMBRA

ALTRO

## INIZIATO DA

SEME

PIANTA

## VALUTAZIONE

DIMENSIONE ○○○○○

COLORE ○○○○○

GUSTO ○○○○○

FERTILIZZANTI
E ATTREZZATURE



REQUISITI
DELL'ACQUA



0%
MENO



ISTRUZIONI
PER LA CURA



ISTRUZIONI
PER LA SEMINA



NOTE AGGIUNTIVE

# LIBRO DI BORDO DEL GIARDINAGGIO

| NOME | POSIZIONE |
| --- | --- |
| FORNITORE | PREZZO |

## CLASSE SCIENTIFICA

| | | |
| --- | :---: | --- |
| ORTAGGIO | ○ | FRUTTA |
| ERBA | ○ | FIORE |
| ARBUSTO | ○ | ALBERO |
| ANNUALE | ○ | BIENNALE |
| PERENNALE | ○ | SEMINA |

## DATE

GERMINATO

IMPIANTO

RACCOLTO

## LIVELLO DI LUCE

SOLE

SOLE PARZIALE

OMBRA

ALTRO

## INIZIATO DA

SEME

PIANTA

## VALUTAZIONE

DIMENSIONE ○○○○○

COLORE ○○○○○

GUSTO ○○○○○

FERTILIZZANTI
E ATTREZZATURE

REQUISITI
DELL'ACQUA

0%
MENO

ISTRUZIONI
PER LA CURA

ISTRUZIONI
PER LA SEMINA

NOTE AGGIUNTIVE

# LIBRO DI BORDO DEL GIARDINAGGIO

| NOME | POSIZIONE |
|---|---|
| FORNITORE | PREZZO |

## CLASSE SCIENTIFICA

| ORTAGGIO | ○ | FRUTTA |
|---|---|---|
| ERBA | ○ | FIORE |
| ARBUSTO | ○ | ALBERO |
| ANNUALE | ○ | BIENNALE |
| PERENNALE | ○ | SEMINA |

## DATE

GERMINATO

IMPIANTO

RACCOLTO

## LIVELLO DI LUCE

SOLE

SOLE PARZIALE

OMBRA

ALTRO

## INIZIATO DA

SEME

PIANTA

## VALUTAZIONE

DIMENSIONE ○○○○○

COLORE ○○○○○

GUSTO ○○○○○

<table>
<tr><td>FERTILIZZANTI<br>E ATTREZZATURE</td><td>REQUISITI<br>DELL'ACQUA</td></tr>
</table>

0%
MENO

<table>
<tr><td>ISTRUZIONI<br>PER LA CURA</td><td>ISTRUZIONI<br>PER LA SEMINA</td></tr>
</table>

NOTE AGGIUNTIVE

# LIBRO DI BORDO DEL GIARDINAGGIO

| NOME | POSIZIONE |
|---|---|

| FORNITORE | PREZZO |
|---|---|

## CLASSE SCIENTIFICA

| ORTAGGIO | ○ | FRUTTA |
|---|---|---|
| ERBA | ○ | FIORE |
| ARBUSTO | ○ | ALBERO |
| ANNUALE | ○ | BIENNALE |
| PERENNALE | ○ | SEMINA |

## DATE

GERMINATO

IMPIANTO

RACCOLTO

## LIVELLO DI LUCE

SOLE

SOLE PARZIALE

OMBRA

ALTRO

## INIZIATO DA

SEME

PIANTA

## VALUTAZIONE

DIMENSIONE ○○○○○

COLORE ○○○○○

GUSTO ○○○○○

# FERTILIZZANTI E ATTREZZATURE

# REQUISITI DELL'ACQUA

0%
MENO

# ISTRUZIONI PER LA CURA

# ISTRUZIONI PER LA SEMINA

# NOTE AGGIUNTIVE

# LIBRO DI BORDO DEL GIARDINAGGIO

| NOME | POSIZIONE |
|---|---|
| FORNITORE | PREZZO |

## CLASSE SCIENTIFICA

| ORTAGGIO | ○ | FRUTTA |
|---|---|---|
| ERBA | ○ | FIORE |
| ARBUSTO | ○ | ALBERO |
| ANNUALE | ○ | BIENNALE |
| PERENNALE | ○ | SEMINA |

## DATE

GERMINATO

IMPIANTO

RACCOLTO

## LIVELLO DI LUCE

SOLE

SOLE PARZIALE

OMBRA

ALTRO

## INIZIATO DA

SEME

PIANTA

## VALUTAZIONE

DIMENSIONE ○○○○○

COLORE ○○○○○

GUSTO ○○○○○

FERTILIZZANTI
E ATTREZZATURE

REQUISITI
DELL'ACQUA

0%
MENO

ISTRUZIONI
PER LA CURA

ISTRUZIONI
PER LA SEMINA

NOTE AGGIUNTIVE

# LIBRO DI BORDO DEL GIARDINAGGIO

| NOME | POSIZIONE |
|---|---|

| FORNITORE | PREZZO |
|---|---|

## CLASSE SCIENTIFICA

| | | |
|---|---|---|
| ORTAGGIO | ○ | FRUTTA |
| ERBA | ○ | FIORE |
| ARBUSTO | ○ | ALBERO |
| ANNUALE | ○ | BIENNALE |
| PERENNALE | ○ | SEMINA |

## DATE

GERMINATO

IMPIANTO

RACCOLTO

## LIVELLO DI LUCE

SOLE

SOLE PARZIALE

OMBRA

ALTRO

## INIZIATO DA

SEME

PIANTA

## VALUTAZIONE

DIMENSIONE ○○○○○

COLORE ○○○○○

GUSTO ○○○○○

FERTILIZZANTI
E ATTREZZATURE

REQUISITI
DELL'ACQUA

0%
MENO

ISTRUZIONI
PER LA CURA

ISTRUZIONI
PER LA SEMINA

NOTE AGGIUNTIVE

# LIBRO DI BORDO DEL GIARDINAGGIO

NOME

POSIZIONE

FORNITORE

PREZZO

CLASSE SCIENTIFICA

| ORTAGGIO | ○ | FRUTTA |
| ERBA | ○ | FIORE |
| ARBUSTO | ○ | ALBERO |
| ANNUALE | ○ | BIENNALE |
| PERENNALE | ○ | SEMINA |

DATE

GERMINATO

IMPIANTO

RACCOLTO

LIVELLO DI LUCE

SOLE

SOLE PARZIALE

OMBRA

ALTRO

INIZIATO DA

SEME

PIANTA

VALUTAZIONE

DIMENSIONE ○○○○○

COLORE ○○○○○

GUSTO ○○○○○

FERTILIZZANTI
E ATTREZZATURE

REQUISITI
DELL'ACQUA

0%
MENO

ISTRUZIONI
PER LA CURA

ISTRUZIONI
PER LA SEMINA

NOTE AGGIUNTIVE

# LIBRO DI BORDO DEL GIARDINAGGIO

| NOME | POSIZIONE |
|------|-----------|
| FORNITORE | PREZZO |

## CLASSE SCIENTIFICA

| | | | |
|------|---|------|---|
| ORTAGGIO | ○ | FRUTTA | |
| ERBA | ○ | FIORE | |
| ARBUSTO | ○ | ALBERO | |
| ANNUALE | ○ | BIENNALE | |
| PERENNALE | ○ | SEMINA | |

## DATE

GERMINATO

IMPIANTO

RACCOLTO

## LIVELLO DI LUCE

SOLE

SOLE PARZIALE

OMBRA

ALTRO

## INIZIATO DA

SEME

PIANTA

## VALUTAZIONE

DIMENSIONE ○○○○○

COLORE ○○○○○

GUSTO ○○○○○

## FERTILIZZANTI E ATTREZZATURE

## REQUISITI DELL'ACQUA

0%
MENO

## ISTRUZIONI PER LA CURA

## ISTRUZIONI PER LA SEMINA

## NOTE AGGIUNTIVE